VENTE DU MARDI 24 MAI 1904
*HOTEL DROUOT, SALLE N° 10*

Collection ALFRED BARRION

# Œuvres de Félicien ROPS

# Dessins, Eaux-Fortes
## *LITHOGRAPHIES*

PARIS

Edmond SAGOT, Éditeur et Marchand d'Estampes

*39 bis, RUE DE CHATEAUDUN, 39 bis*

MDCCCCIV

Edmond SAGOT, Éditeur et Marchand d'Estampes
*39 bis, Rue de Châteaudun, 39 bis*

# Estampes Modernes

## *EAUX-FORTES & LITHOGRAPHIES*

### DES ARTISTES DU XIXe SIÈCLE

PRINCIPALEMENT DE

MM. BRACQUEMOND, E. BURNEY, K. BODMER, BOILVIN
CHARLET, DAUBIGNY, DAUMIER
GAILLARD, JACQUEMART, FANTIN-LATOUR
CH. JACQUE, LALANNE
MÉRYON, J.-F. MILLET, RAFFET, RIBOT, F. ROPS, TISSOT
CARLE VERNET, WHISTLER

## ARTISTES CONTEMPORAINS

### *Lithographies et Eaux-Fortes*

#### NOIRES OU COULEURS

DE

MM. AMAN JEAN, P. BERTHON, J. BEURDELEY, A. BESNARD
G. BOTTINI, CHAUVEL, J. CHÉRET
CARRIÈRE, ED. CHAHINE, DARBOUR, M. ÉLIOT
DÉSIRÉ-LUCAS, DEZAUNAY
DELATRE, DE FEURE, FORESTIER, L. GAUTIER, H. DE GROUX
EUG. GRASSET, ITURRINO, JOYAU
LAFITTE, LÉANDRE, LABOUREUR, LEGRAND, LEPÈRE
LORRAIN, A. LUNOIS
P. MAUD, CH. MAURIN, MIGNOT, MEUNIER, ALFRED MULLER
OSTERLIND, PENNELL, PINCHON, RANFT
RAFFAELLI, MANUEL ROBBE, H. RIVIÈRE, SIMONET
STEINLEN, SUNYER, TOULOUSE-LAUTREC, J. VEBER, VILLON
WILLETTE, CH. WALTNER

## ESTAMPES SPORTIVES

# Affiches pour Décoration ou Collection

Paris. — Imp. de l'Art, E. Moreau et Cie, 41, rue de la Victoire.

OEuvres de Félicien ROPS

———

# DESSINS, EAUX-FORTES

## *LITHOGRAPHIES*

# CONDITIONS DE LA VENTE

La vente sera faite au comptant.

Les acquéreurs paieront *dix pour cent* en sus des prix d'adjudication.

*M. Edmond SAGOT, chargé de la vente, remplira aux conditions d'usage les commissions des personnes qui ne pourraient y assister.*

*L'ordre du Catalogue sera suivi ; l'expert se réserve la faculté, dans l'intérêt de la vente, de réunir ou de diviser les lots.*

# EXPOSITION

La Collection sera visible au domicile de l'expert, les 20 et 21 Mai inclus.

Paris. — Imp. de l'Art, E. Moreau et Cⁱᵉ, 41, rue de la Victoire.

# CATALOGUE

DE LA

## Collection *Alfred Barrion*

# Œuvres de Félicien ROPS

---

# Dessins, Eaux-Fortes

## LITHOGRAPHIES

*Dont la Vente aux enchères publiques aura lieu le*

MARDI 24 MAI 1904

## HOTEL DROUOT, SALLE N° 10

A 2 HEURES PRÉCISES

*PAR LE MINISTÈRE DE*

M° MAURICE DELESTRE, commissaire-priseur

5, rue Saint-Georges (IX°)

*ASSISTÉ DE*

M. ED. SAGOT, expert, éditeur et marchand d'estampes

39 *bis*, rue de Châteaudun (IX°)

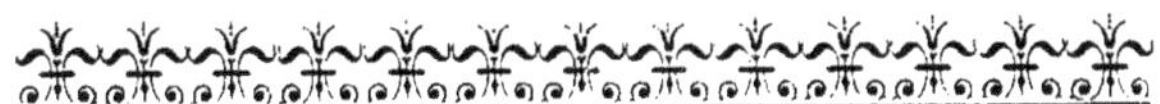

# DÉSIGNATION



DES

## *Œuvres de F. ROPS*

## DESSINS

1 — Mouvement flamand, au crayon, in-4° en haut.
Signé. — Procès-verbal illustré d'une séance, in-4°
en haut. — Paysan assis ; ens. 3 croquis, un *signé*.

2 — O. Nature, calque d'un croquis de l'un des dessins
de l'Album Noilly, in-4° en haut. *Signé*.

3 — Guitariste traîné par un agent. — Un Joueur de
vielle ; ens. 2 croquis à la plume et au crayon.

4 — Croquis du Billet à Désordre. — Petite tête d'homme ;
ens. 2 croquis à la plume et au crayon. *Signés*.

5 — Chez Clairin, dessin de la pointe sèche : *Peuple*, au
fusain et crayon noir. *Signé*.

6 — Première idée du Frontispice les *Œuvres inutiles
ou nuisibles*, à la plume, in-4° en haut. Signé.

7 — Croquis du Frontispice des *Masques Parisiens*, au
crayon, in-4° en haut.

8 — L'Ours et l'Amateur des jardins, croquis d'une
lithographie : au crayon, in-4° en haut.

9 — Lettre autographe de Henri Liesse, illustrée d'un
joli dessin à la plume de *F. Rops*.

10 — Dessins *à la cire* provenant de la collection Ramiro : Jeune Femme assise de dos en corset, les
épaules nues. — Jeune Femme découvrant son dos
en se couchant ; ens. 2 dessins in-4° en haut. Signés.

Curieux et intéressants dessins par la facture, rares.


# EAUX-FORTES ET VERNIS MOUS

11 — Son portrait, gravé par *F. Burney*, ép. sur chine
avec fac-similé de la signature. — La Campagne
parisienne, photogravure du dessin publié dans l'*Autographe*. — Billet à ordre (Ramiro 4) sur japon. —
Essuie-mains réactifs belges, sur japon ; ens. 4 pièces.

12 — L'Éventail (6) sur hollande (très rare). — La Bu-
veuse d'absinthe, par *Chevallier* 7) ; ens. 2 p.

13 — La Fantoche (10), 2e *état* sur 3, *avant l'effaçage
des inscriptions*. — Pigeon Vole (18), *4e état* sur
chine ; ens. 2 p.

Pièces anciennes et très rares.

14 — Petite Peleuse de pommes de terre, 1re idée (26),
tête seule, entourée de croquis. — La Petite Peleuse
de pommes de terre (26), 1er état, sur chine ; ens. 2 p.

Pièces anciennes et fort rares.

15 — Les Adieux d'Auteuil (30), sur hollande. *Signée.*
Une des célèbres pièces de l'œuvre.

16 — Norvégienne (32), *2e état*, sur japon. Signée
(*planche détruite*). — Rops gravant (34), sur hollande ;
ens. 2 p.

17 — La Quotidienne (35), *3e état*, sur hollande. Signée.
— Près du Feu (36), sur hollande ; ens. 2 p.

18 — La Femme au chapeau en cabriolet (37, *2e état*. —
Le Bassonniste (40, *2e état* sur 3 ; ens. 2 p., sur hollande et sur japon.

19 — Servante (41), *2e état*, sur papier ancien. *Signée.*
— Oncle Claës et tante Johanna (42), sur papier ancien ; ens. 2 p.

20 — Prêtre russe (43), *5e état*, sur papier ancien. *Signée.*
— Amour sénile (47), *1er état*, sur japon rare : ens.
2 p.

21 — La Grande Femme à la fourrure, assise, sur hollande. *Signée.* — (46. Très belle ép. du *5e état*, non
décrit, avec 2 croquis de têtes dans la marge de
gauche et un dans la marge inférieure.

22 — En prenant le thé (51). — Passé minuit (52) ; ens.
2 p. sur japon. *Signées.*

23 — La Femme au trapèze (53), *4e état*, sur papier ancien ; la même, *5e état*, sur 7 : *avant le maillot*, sur
japon. — Parisine (54), *3e état*, sur hollande ; ens. 3 p.

24 — Métella (R. 56). Ép. avec la lettre, *5e état.*

25 — L'Oliviérade (55), *1er état*, très belle épreuve sur hollande. Signée.

26 — L'Affûteur (57), *3e état*, sur japon ; avant la coupure du cuivre, qui mesure 240 sur 300 au lieu de 240 sur 155, qu'indique le catalogue Ramiro. — Pallas (62). — L'Ariette (63). — Mon Bourgmestre, le Modèle (64 et 65), 3 ép. avec la lettre ; ens. 4 p.

27 — Oude Kate (60), *petite planche*, sur hollande.

28 — Oude Kate, grande planche (*non décrite*), sur hollande, *1er état*, très rare.

29 — La Dalécarlienne (66), *4e état*, sur hollande. — La Bûcheronne (67), sur hollande ; ép. avant la publication dans *l'Estampe originale* ; ens. 2 p.

30 — Jean Brouette (68), *6e état*. — La Barque (70), *5e état* ; ens. 2 p. sur hollande.

31 — La Chasse au lièvre (71), *4e état*. — William Lesly (72), *7e état, non ébarbé* ; ens. 2 p., sur hollande.

32 — Billet à désordre (73). — Complaisance (77), *2e état*, sur japon ; ens. 2 pièces. Signées ; une avec dédicace à Th. Hannon.

33 — Petite Sorcière (79). — Milice hanovrienne (89), *3e état, avec croquis* ; ens. 2 p. sur japon. *Signées*.

34 — La Dame au Carcel (85), *2e état*, sur hollande. *Signée*.

35 — Pilier d'Église (90). — Question d'Orient (92), *3e état* ; ens. 2 p. sur japon et papier ancien. *Signées*.

36 — Au Feu (93), *3e état*. — Seule (94), état *non décrit*, avec la date : mai 76 ; ens. 2 p. sur japon. *Signées.*

37 — Paysage Brabançon (48). — L'Oracle du Hameau (95), 2 p. sur la même feuille japon, plus un double de cette dernière sur hollande ; ens. 3 p.

38 — Le Vieux Faune (96), superbe ép. sur Japon. *Signée.*

39 — Femme à l'Éventail (97), *3e état*. — Vieux Docteur (98), *1er état* ; ens. 2 p. sur hollande, la dernière, rare.

40 — Le Doigt dans l'œil (99), *1er état*. — Paysan Breton (102), *3e état* ; ens. 2 p. sur japon. Une *signée.*

41 — La Vieille à l'aiguille (100), *1er état*, sur japon. *Signée.*

42 — Bébé (103 et 524 supp.). *3e état.* — Orphée (106) ; ens. 2 p., sur japon. *Signées.*

43 — Paysanne du Bourbonnais (107), état *non décrit* avec la signature remplaçant l'inscription effacée, sur hollande. — La Buée d'Automne en Ardennes (110), *2e état*, avec les initiales J. L. *non décrit*) qui ont été effacées postérieurement, sur japon. *Signées ;* ens. 2 p.

44 — La Vieille Masken (112 et 523 supp.), *3e état*, sur japon. — La Cigogne japonaise (114), *3e état*, sur hollande ; ens. 2 p. *Signées.*

45 — Compagnons de box ou Gens de sport (115). — Mon Grand-Oncle (122), ens. 2 p., sur japon. *Signées.*

46 — La Grève, grande planche (120), superbe ép. sur japon.

47 — La Grève, petite planche (121), série composée des 2e, 3e et 5e *étai*, sur japon et sur hollande. Une *signée*.

48 — Celle qui fait celle qui lit Musset (124), 2e *état*, sur japon. *Signée.*

48 *bis* — La même pièce, 3e *état*, sur hollande. *Signée.*

49 — La Planche du tsigane (125), 2e *état*, sur 4. — Tête de maraîchère anversoise (136), avec les croquis gravés autour par Louis Legrand ou F. Courboin, élèves de Rops; ens. 2 p., sur japon. Une *signée*.

50 — La Dernière Maja (126), 6e *état*, sur japon. *Signée.*

51 — La même pièce (126 et 521 supp.), 8e *état*, sur japon. *Signée.*

52 — Ma Colonelle (127', épreuve avec les croquis de marge, sur japon. *Signée.*

53 — La planche du Pot au lait (133), 1er *état*, sur hollande. *Signée.*

54 — La même planche, 3e *état*, sur japon. *Signée.*

55 — La Migraine (134), 2e *état*, sur papier ancien.

56 — La Vieille aux fleurs de lys (135). — Tête de vieille maraîchère anversoise (136), avec les croquis autour par Louis Legrand ou F. Courboin, élèves de Rops; ens. 2 p., sur japon. Une *signée*.

57 — Ma Goutte (137), 3e *état*, avec les vers manuscrits ainsi que les légendes, sur hollande. *Signée.*

58 — Séparés ou Printemps simiesque (138), *1er état, planche d'ensemble*, sur hollande; avec la Petite Bretonne, en *1er état*. — Petite Bretonne (140), *2e état*, sur japon. *Signée;* ens. 2 p.

59 — Frontispice des Œuvres inutiles ou nuisibles (145). *4e état*, sur japon. *Signée.*

60 — La même pièce, *5e état*, sur japon. *Signée.*

61 — La même pièce, *6e état*, sur japon. *Signée.*

62 — La même pièce, *9e état*, sur japon. *Signée.* Avec la lettre autographe suivante à Ch. Monselet :

Paris, 17, rue Drouot.

Mon cher monsieur Monselet,

Notre ami Camuzet vous dédie un aimable livre, tant pis si je fais une indiscrétion, j'y suis obligé! Pour ce, il me demande de reproduire, " *Sur l'airain des âges* ", un croquis de vous qu'il m'envoie et que je trouve grossier! Je ne veux pas gâter votre physionomie plus olympique qu'olympienne. Je viens donc vous demander effrontément votre photographie et vous prier de me l'envoyer *le plus vite possible, 17, rue Drouot;* mais attention! Pas de coquetterie. Je ne veux pas le Monselet qui faisait rêver les petites Nantaises, ni le Monselet coqueluche des grisettes de Bordeaux, ni même le Monselet dont les mots empêchaient le champagne de Dinochau de mousser. Je veux le Monselet que nous abordons au boulevard, avec toute la déférence que doivent avoir ceux qui aiment le vin de l'Esprit gaulois, sans coupage, et qui saluent en vous son château-margaux !

Si vous avez plusieurs épreuves de la photographie demandée, je garderai votre portrait; sinon, je vous le renverrai avec regret, mais avec loyauté !

Je vous serre la main bien amicalement, mais bien respectueusement aussi, croyez-le, en bon buveur de vin dont je parlais ci-dessus que j'ai le bonheur d'être.

Félicien Rops,<br>Gallo-Romain,<br>Belge libéré.

63 — La même pièce. *10e état*, sur japon. *Signée.*

64 — Le Train des Maris (146), *2e état*, sur hollande. — Guerrière (148), *2e état*, sur hollande; ens. 2 p.

65 — Douce folie (147) *2e état*, sur hollande. *Signée.*

66 — La Poupée du Satyre (150), sur japon. *Signée.*

67 — Dans l'atelier (151), *1er état retouché*. — Conventionnel (152); ens. 2 p., sur japon. *Signées.*

68 — Juillet (153), *3e état*, sur hollande. *Signée.*

69 — Frontispice d'une suite d'œuvres libres (154), *4e état.*

 Superbe épreuve sur hollande avec, dans la marge, un beau croquis original aux crayons de couleurs : *Naturalia non sunt turpia !*

70 — Vieille gouge (156). Fantaisie japonaise (159); ens. 2 p., sur japon. *Signées.*

71 — Remparts (160), *2e état*, sur hollande. — Le docteur Filleau (161), sur japon. *Signée;* ens. 2 p.

72 — Mademoiselle de Maupin (162), *1er état*, sur hollande. *Signée.*

73 — La Foire aux Amours, grande planche (163), *2e état*, sur hollande. Signée. (*Très rare.*)

 Légendée : 3 épreuves F. R.

74 — La Foire aux Amours, petite planche (164), sur hollande. — La Clef des Champs (172), *1er état*, sur japon. *Signée;* ens. 2 ép.

75 — Mors Syphilitica (167), superbe ép. sur japon. *Signée.*

76 — Printemps (170), sur japon. *Signée.*

77 — La Colère (173), 2ᵉ *état*, sur japon. — Le Dernier Pape (174), 2ᵉ *état*, sur hollande ; ens. 2 ép. *Signées.*

78 — Le Pendu de Levallois (176), sur vélin. — Humanité (177), 2ᵉ *état*, sur japon ; ens. 2 ép. *Signées.*

79 — Hypocrisie (179), très belle ép. sur papier essencé. *Signée.*

80 — Bourgeoisie (181), sur hollande. *Signée.*

Avec quelques vers de Paul Arène transcrits par Rops.

81 — L'Attente (184), sur japon. — Le Tronc d'arbre (200), *état non décrit*, avec un buste de jeune femme coiffée à la chien et une autre tête imberbe, au-dessus de la vieille en bonnet blanc, sur hollande ; ens. 2 p.

82 — Médaillon à la tête poncée (186), 1ᵉʳ *état*, même planche que le nº 187, qui fait double emploi et n'est qu'une épreuve *partielle* de cette planche, sur chine. — Les Deux petites Têtes (187), 2ᵉ *état*, portion de la pl. précédente, sur japon ; ens. 2 p.

Extrêmement rares.

83 — Les Bateaux (pédagogiques) (202), 2 ép. des 1ᵉʳ et 2ᵉ *états*, sur hollande ou papier ancien.

L'épreuve du 1ᵉʳ *état* est UNIQUE.

84 — La Planche de l'Avocat (205), *dernier état*, très rare ép. sur japon. *Signée.*

Nous y joignons une épreuve du *Tronc d'arbre*, état *non décrit*, avec le buste de femme coiffée à la chien, sur hollande ; ens. 2 p.

85 — Olla Podrida (208), 2ᵉ *état*, sur japon. — La Fauconnière (213), 2ᵉ *état*, sur hollande ; ens. 2 p.

86 — A vous général (238), 2ᵉ *état*, sur japon. *Signée* ; la même pièce, 3ᵉ *état*, sur japon ; ens. 2 p.

87 — La Dame au Cochon (239), très belle ép. sur hollande, *retouchée* et *signée*.

88 — Impudence (243), superbe ép. sur hollande, du 1ᵉʳ *état retouché*, en couleurs.

89 — Le Joyeux Bidet (244). — La Perle d'Albaceyn (276) ; ens. 2 p., sur japon.

90 — Satyriasis (249), très belle ép. du 2ᵉ *état*, sur japon.

91 — La Syrène (250), sur japon. *Signée*. — Le Major est si difficile (255), 2ᵉ *état*, sur japon ; ens. 2 ép.

92 — La Volupté (254), 3ᵉ *état*, non décrit ; avec le titre et de fins modelés en clair, ainsi que des effaçages des taches de grain du fond, sur hollande. *Signée*.

93 — Pêcher mortel (266), 1ᵉʳ *état*, épreuve retouchée, sur vélin teinté.

94 — La Marchande d'oiseaux (269), sur hollande.

95 — Messaline (270), sur hollande. *Signée*.

95 — La Pêche au Jambon (283).— Le Diner de la Chronique (284). — La Défense du Budget (286 . — Le
Cochon nimbé (290); ens. 4 p. sur différents papiers.

97 — Le Cochon nimbé (290), *2e état* sur la *planche
d'ensemble*, avec le Dindon 294 et le Cheval rôti 293),
sur japon.

    C'est la planche originale et non la reproduction qui a
été faite de cette petite planche d'ensemble.

98 — La Défense du Budget (286). — Le Jockey (292),
2e et 5e *état*. — Menu Duluc (297). — Le Cochon
truffer 298), sur japon. *Signées* ; ens. 4 pièces.

99 — La Crémaillière (295), 2 épreuves du *1er* et du
2e *état*; ens. 2 p. sur hollande et sur japon. *Une
signée.*

100 — La Jolie Fille en chemise (323), très belle épreuve
sur japon, du *3e état. Signée.*

    État terminé et le plus intéressant de la planche avant sa
séparation en deux.

101 — La Marotte macabre (299). — La Galatelle (308.
— Le Chat, planche rectangulaire (310, épreuve de
la 2me planche sur japon. — Les Pensées (317): ens.
4 pièces. 2 *signées.*

102 — Les Violettes (324). — Les Mirlitons (325). — La
Presse 328, 2 *états* dont un *non décrit*, avec l'adresse
de Londres; ens. 4 p., 2 *signées.*

103 — La Chrysalide (330), très belle ép., sur japon du
2e *état. Signée.*

104 — Théâtre des fixions 331), épreuve sur hollande du *4e état*, avec le buste de femme remplaçant le programme ; pl. détruite.

105 — Adresse aux palmes pour Mesdemoiselles Duluc, couturières (333), sur japon, avec les croquis. — Les Mannequins (334), *2e état* sur 3, sur hollande.

106 — Affiche pour annoncer la publi ation des *Rimes de Joie*, par Th. Hannon (336), *3e état*, 2 épreuves sur japon, tirées en couleurs.

107 — Le Dessous de cartes d'une partie de whist, grand format (342) sur papier ancien verdâtre. *Signée*.

108 — Le Bonheur dans le crime (344), grande planche, sur hollande. *Signée*.

109 — Postface des Diaboliques : la femme et la folie dominant le monde (346), grande planche sur hollande. *Signée*.

110 — Postface des Diaboliques (*non décrite*, la folie est ici remplacée par un homme sinistre coiffé d'un haut de forme ; travail à la pointe, à clairevoie ; sur japon. *Signée*.

111 — Plage de Blankenberghe (348). — Le Cabinet satyrique (352) ; ens. 2 pièces, la première tirée sur papier ancien et rare.

112 — Les Épaves (349), *4e état* sur japon. — *7e état* sur chine ; ens. 2 pièces, dont une retouchée au crayon par l'artiste.

113 — Le Massage (351), grande planche *non décrite ;* très belle épreuve d'artiste sur hollande, signée: au-dessous de laquelle l'artiste a transcrit le sonnet du Dr Camuzet sur le même sujet.

114 — Les Amusements des dames de Bruxelles (353), sur japon. — Les Chansons badines de Collé (354), sur hollande: ens. 2 p.

115 — La Mère Gand et le Fils Charles (357), *4e état, 1er tirage,* sur vélin. — Le Sire de Lumey (358), *3e état,* sur chine. — Le Buveur (359), *dernier état* sur japon: ens. 3 p.

116 — Les Cousines de la Colonelle (369). — Un Été à la campagne (370); ens. 2 p. sur japon et sur chine.

117 — Histoire anecdotique des Cafés (371), très belle ép. sur blanc.

118 — Le Grand et le Petit Trottoir (374), 2 épreuves sur chine des 4e et 6e état (un avant le titre).

119 — Les Cythères parisiennes, planche d'ensemble (395) sur chine. Signée.

120 — Histoire de la Sainte Chandelle d'Arras (400), 3 épreuves des 3e, 5e et 6e état; ens. 3 p. dont une avec les croquis dans la marge.

    Rare.

121 — Catéchisme des gens mariés (401). — La Fleur lascive, petite planche (402): ens. 2 p. sur japon.

122 — La Fleur lascive (403), grande planche, sur japon.

123 — Margot la Ravaudeuse (404). — Album du Gaulois (405). — Conflits entre chasseurs et propriétaires (407). — Le Fer rouge (408); ens. 4 p. sur différents papiers.

124 — Les Jeunes-France, frontispice (406), sur japon. *Signée.* — La même pièce, reproduction sur pierre; ens. 2 p.

125 — Œuvres badines de l'abbé Grécourt (409), sur hollande.

126 — Frontispice de Rimes de joie (412), sur japon.

127 — Art moderne, ou la Lecture du grimoire (413), *1er état.* — La même pièce, *3e état*, terminé; ens. 2 p. sur japon.

128 — Folies-Bergères (414), sur chine. — Le Diable dupé par les femmes (416), sur japon; ens. 2 p.

129 — Le Christ au Vatican : frontispice (417), sur chine. Les Remarques du Christ au Vatican, 6 pièces sur japon en 2 feuilles; ens. 7 p. *Signées.*

130 — Nous vendons séparément un double de 2 de ces Remarques, tirées sur une feuille japon. Signées. (Le Peintre et les Souvenirs de voyage.)

131 — Le Roman d'une nuit (418), grande planche sur hollande. Signée.

132 — L'Escole des Filles (422). — Les Bas-Fonds de la Société (423). — Gaspard de la Nuit (424); ens. 3 p. sur chine.

133 — Frontispice pour *Alfred de Musset* (425), épreuve d'essai, sur japon.

134 — Frontispice pour *Curieuse* (427), *3e état*, sur hollande. *Signée.*

135 — Le *Vice suprême*, frontispice, grande planche (428), sur hollande. *Signée.*

136 — *La Chronique à la Chambre*, frontispice (430), sur hollande. — La Fileuse, *d'après J.-F. Millet* (432, *3e état*, sur hollande. — La Sphère de la Lune (434), sur japon ; ens. 3 p.

137 — La Femme au pantin (442). — La Vie élégante (446). — L'Ondine (469). — Le Parnasse satyrique du sieur Théophile (482) ; ens. 4 pièces sur diff. papier.

138 — La Vie élégante (446), héliogravure sur japon. *Signée.* Plus la couvertude gravée sur bois par Prunaire ; ens. 2 p.

139 — Les Exercices de dévotion, de M. Henri Roch (447), grande planche sur japon. Signée.

140 — Les Exercices de dévotion, de M. Henri Roch (447), épreuve sur japon, *imprimée en couleurs.*

141 — L'Art priapique (451). — Lupanie (453). — Les Bons Contes du sire de la Glotte (458) ; ens. 3 p., sur chine.

142 — La Femme à la tête de mort, la Portière de Jacquemart et pl. de croquis ; *planche d'ensemble* (486), *4e état*, sur hollande.

143 — Jean Vandyrendonck, lettrine Duluc et Cuisine dosimétrique; *planche d'ensemble* (491), *2ᵉ état*, sur hollande.

144 — Mon Grand-Oncle, paysage brabançon, lettrine de James Tobynn. — Coin du feu et Paysan breton; *planche d'ensemble* (492), sur hollande. *Signée.*

145 — La Vieille à l'aiguille. — Garçon brasseur. — Bébé. — Lettrine au Terme et Sortie de bal; *planche d'ensemble* (496), *2ᵉ état,* sur japon.

146 — Lettrines au cheval rétif, au Départ, à l'Arrivée et au Pesage, *planche d'ensemble* (499), *2ᵉ état*, sur hollande.

147 — Derrière le rideau (514). — Petit modèle (533); ens. 2 p., sur japon. *Signées.*

148 — Premier pas (534), sur hollande. — La Cuisine de l'auberge des Artistes, à Anseremme (538), sur japon; ens. 2 p. *Signées.*

149 — L'Incantation (540), superbe épreuve sur japon. *Signée.*

150 — L'Ame des choses (545), sur japon. *Signée.*

151 — Le Médecin des fièvres en Dalécarlie (552), grande planche sur japon. *Signée.*

152 — Feuille de nénuphar (554), 1ᵉʳ *état*, sur hollande. *Signée.*

153 — Plénipotentiaire (557), 1ᵉʳ *état*, sur japon. *Signée.*

154 — Plénipotentiaire (557), 2ᵉ *état*, sur japon. *Signée.*

155 — Parallélisme ou parallèlement (558), sur hollande. *Signée.*

156 — Le coup de la jarretière (560), sur papier ancien verdâtre. *Signée.*

157 — Messagère du Diable (561), sur velin (taches d'humidité).

158 — Vénus Milita (562), sur chine. — Très Vieille (565), 2e *état*, sur hollande. *Signée.* — Mater Dolorosa (567), *3e état*, sur hollande. *Signée;* ens. 3 p.

159 — Vénus Milita (562), sur chine. — Folie flamande (568), sur hollande. *Signée;* ens. 2 p.

160 — La Pantoufle de Cendrillon et Repos (577), *3e état*, sur hollande. *Signée.*

161 — Satisfaction (578), sur japon, avec les croquis. *Signée.*

162 — Porteuse de Poisson (579), 2e *état*, sur hollande. *Signée.*

163 — Masques Parisiens, petite planche (591), 2 ép., dont une imprimée en sanguine.

164 — Naturalia (604), 2e *état*, superbe épreuve sur japon, avec de nombreuses citations manuscrites de l'artiste, aux crayons de couleurs.

165 — Adresse Duluc (622). — Frontispice pour les *Notes d'un Vagabond* (634); ens. 2 pièces.

166 — Frontispice pour *l'Initiation Sentimentale* (635), sur hollande. *Signée.* — Adresse Duluc (622); ens. 2 p.

167 — Mallarmé : Frontispice pour les *Poésies autogra-
phiées* (636), *1er état avant le nom de Delâtre*, sur
vélin.

Très rare.

168 — Maturité (637), *4e état*, sur hollande.

169 — La même pièce, *10e état*, sur japon, *avec les
croquis dans la marge*.

170 — La Pudeur de Sodome (638), *3e état*, sur japon.
*Signée*.

171 — La même pièce, *6e état*, sur hollande.

172 — La même pièce, *7e état*, sur papier ancien. *Signée*.

173 — La Pudeur de Sodome, grande planche (638, très
belle ép. sur hollande. *Signée*.

174 — L'Amante du Christ (639), sur hollande. *Signée*.
Un double, même état.

175 — Frontispice de : *A Cœur perdu* (640), 3 épreuves
des *1er*, *2e* et *3e états*, sur hollande. *2 signées*.

Série complète des états d'artiste de cette planche ; rare.

176 — Frontispice pour *Souvenirs de Barbizon*, 2e édi-
tion (641), *1er état*, sur 3, sur japon. *Signée*.

177 — *Chez les Passants* (643), 1er état, épreuve UNIQUE,
entièrement retouchée et dessinée au crayon. — La
même pièce, *2e état*, avant la coupure du cuivre ; ens.
2 p. *Signées*.

178 — *Les Sonnets du Docteur* : Ecchymostes (657);
Auscultation (658) ; ens. 2 p. sur hollande. *Signés*.

179 — Marque de la collection Félicien Rops, gravée sur bois par *Boulenaz*, très belle ép. de tirage à part, sur japon.

> Rare.

## PIÈCES NON DÉCRITES

180 — La Feuille de vigne, état terminé, ép. non ébarbé, sur japon.

181 — De Castitate, ép. de *remarque*, sur japon.

182 — Holocauste, 2 épreuves du $1^{er}$ et du $2^e$ *état*, sur japon.

183 — Deux têtes de femme, croquis sur une planche à six compartiments, comprenant d'autres eaux-fortes de Daumier, A. Taïée et Harpignies, sur chine.

184 — Tête de Vieille Anversoise, de 3/4 à gauche, sur japon. *Signée*. — Haut., 0,044 ; larg., 0,044.

> Reproduction de la lithographie n° 181.

185 — La Mort qui danse, eau-forte et aquatinte, $2^e$ *état*, avec le fond d'aquatinte, sur japon. *Signée*.

## REPRODUCTIONS

186 — La Loge, par *Bertrand*, ép. de remarque, sur japon. — Holocauste (femme en croix), sur vélin ; ens. 2 p.

187 — Le Roman d'une nuit, ép. imprimée en couleurs,
sur japon.

188 — Le Moine, le Pêcheur, le Curé ; ens. 3 p. sur
japon.

189 — Le Bout du Sillon. — La Flamande assise. — La
Flamande au bureau ; ens. 3 p., sur japon.

190 — Manon, *imprimée en couleurs*. — La Pierreuse ;
ens. 2 p., sur japon.

191 — Les Glaneuses, le Portier ; ens. 2 p., sur japon.

192 — Articles de journaux. — Portraits. — Reproduc-
tions de dessins. Gravures ou lithographies de F.
Rops ; ens. 26 p.

193 — Types Parisiens. — Types du boulevard, 2 gravures sur bois, par Boetzel, sur chine.

194 — Affiche pour son Exposition, chromotypographie.
Crété, très belle ép., sur japon.

195 — La Nourrice aux Satyrions, gravure en couleurs,
par *Bertrand* (n° 12), très belle ép. de remarque, sur
japon.

196 — La Dame au pantin, d'après Rops, gravure en
coul., par Bertrand, très belle épreuve de remarque,
sur japon (n° 37).

197 — La Foire aux amours, gravure en couleurs, par
Bertrand, très belle ép., sur japon.

198 — Le Quatrième verre de Cognac, héliogravure,
très belle épr., sur japon.

**BERTRAND**

199 — Parisine, *d'après Rops*, eau-forte, belle épreuve,
sur hollande.

**BERTRAND (A.**

200 — Trois Contemporains, *d'après F. Rops*, eau-forte
en couleurs, très belle épreuve (n° 71, sur 75 épreuves.

# LITHOGRAPHIES

201 — Avril, revue du mois *Ramiro, Cat. des Lithogra-*
*phies* 23).— Ruggieri (55).— Maria Ristori (58,; ens.
3 épreuves de tirage à part, une *signée*, 2 sur chine.

202 — Poésie (59), ép. de tirage à part sur chine. — Les
Framboisy (71).— En Ardennes (81).— En Ardennes
(82); ens. 4 p.

203 — Le Dernier des Classiques (86). — Le Dernier des
Romantiques (87).— Victor Vanhove (89). — Li sotte
Marie-Josèphe (90). — Les Derniers Flamands (92);
ens. 5 pièces extraites de l'*Uylenspiegel*.

204 — A nos Abonnés (La Rédaction de l'Uylenspiegel,
lithographie (R. 83). Très belle épreuve d'artiste sur
chine.

205 — Les Derniers Flamands (92). — En attendant la
confession (93). — Études maritimes, par F. Rops et
Draner (94). 12 sujets sur deux feuilles. — La Traite
des Blanches (97). — En Ardennes (99 ; ens. 6 p.
extraites de l'*Uylenspiegel*.

206 — Jean-Baptiste van Moer (100). — Wehr (102). — Menus propos : Monsieur, voilà votre canne (104). — Ne lui parlez pas de la crinoline (105). — Juin (106), grand dessin sur page double ; ens. 5 p. extraites de l'*Uylenspiegel*.

207 — Ne lui parlez pas de la crinoline (104). — Edmond Schampheleer (107). — M. Dubois, curé de Saint-Pierre (108). — Et l'on dit qu'il n'y a plus de Bohémienne (111). — J. Fischer (112) ; ens. 5 p. extraites de l'*Uylenspiegel*.

208 — Déballages : Le Flot qui l'apporta recule épouvanté... (114). — Un Effroyable pif sortit du sein des flots (115). — Ostende : Sans (118). — Ostende : Avec (119) ; ens. 4 p. extraites de l'*Uylenspiegel*.

209 — Tautin, rôle du père Lalouette, dans la *Femme qui se grise* (120), épreuve de tirage à part, sur blanc (a été pliée).

210 — Les Derniers Flamands : Et la Fête des Rois de de 1810... (121). — Joseph-Boniface Defré (127) ; ens. 2 p., épreuves de tirage à part, une sur chine.

211 — Gevaert (128). — La Comédie politique : Rapporte, Rapporte ! (129). — L'Ours et l'Amateur de Jardins (130) ; ens. 3 p., épreuves de tirage à part, 2 sur chine.

212 — Réouverture de la Chambre (18 janvier 1859). Le Libéralisme se réveillant (131). — La Comédie politique. — L'Homme à la boule (132). — La Politique

pour rire. — Les Deux Chasseurs (133). *Avant la légende*, sur chine; ens. 3 pièces, épreuves de tirage à part.

213 — Chroniques constitutionnelles : Chez le Docteur Cromm (135). — Un Homme de marque : T. F. (136). — Ote-toi de là que je m'y mette (137 : ens. 3 pièces, ép. de tirage à part, une sur chine.

214 — Étude bruxelloise : Un Marchand de sable (143. — L'Age de fer : En ce temps-là, ma petite (145. — Études : Age et Liberté 146); ens. 3 pièces, épreuves de tirage à part.

215 — Affiche pour Neyt photographe et peintre) (157, très belle épreuve sur chine.

216 — La Dernière Incarnation de Vautrin (170, très belle ép. sur chine.

217 — Médaille de Waterloo (172), belle épreuve pliée.

218 — Liberté pour tous (174), très belle ép. sur chine.
   Très rare épreuve, provenant de la Collection Poulet-Malassis.

219 — La Peine de mort (175), très rare épreuve d'essai, sur blanc.

220 — Chez les Trappistes (178), très belle ép. sur chine.

221 — Un Monsieur et une Dame, lithographie (R. 182), très belle ép. sur chine.

222 — Tête de Vieille Anversoise (181), très belle ép. sur chine (a été remontée et réglée pour être réduite au carreau).

223 — Barbey d'Aurevilly, lithographie en couleurs, par *A. Bouvenne* (183), grand format, épreuve sur chine. — Wappers (Galerie d'Uylenspiegel), *non décrite;* ens. 2 p.

224 — Les Portefeuilles de la Collection.

# Collection ALFRED BARRION

---

## CATALOGUES EN DISTRIBUTION :

Estampes et Dessins anciens et modernes.
Caricatures noires et coloriées.
Publications artistiques.

### 1573 Numéros

VENTE HOTEL DROUOT, SALLE N° 10
Du 25 Mai au 1er Juin 1904

---

## BIBLIOTHÈQUE

Composée de beaux Livres illustrés, anciens et modernes, en belle condition.

Recueil de Caricatures.

Revues d'art (*L'Art, La Gazette des Beaux-Arts,* EXEMPLAIRE EN GRAND PAPIER).

Livres sur les beaux-arts, etc., etc.

### 420 Numéros

VENTE HOTEL DROUOT, SALLE N° 10
Juin 1904